BEI GRIN MACHT SICH I
WISSEN BEZAHLT

- Wir veröffentlichen Ihre Hausarbeit, Bachelor- und Masterarbeit
- Ihr eigenes eBook und Buch - weltweit in allen wichtigen Shops
- Verdienen Sie an jedem Verkauf

Jetzt bei www.GRIN.com hochladen und kostenlos publizieren

Tim Boosch

Kontrolle Wareneingang (Unterweisung Fachmann/Fachfrau für Systemgastronomie)

GRIN Verlag

Bibliografische Information der Deutschen Nationalbibliothek:

Die Deutsche Bibliothek verzeichnet diese Publikation in der Deutschen Nationalbibliografie; detaillierte bibliografische Daten sind im Internet über http://dnb.d-nb.de/ abrufbar.

Dieses Werk sowie alle darin enthaltenen einzelnen Beiträge und Abbildungen sind urheberrechtlich geschützt. Jede Verwertung, die nicht ausdrücklich vom Urheberrechtsschutz zugelassen ist, bedarf der vorherigen Zustimmung des Verlages. Das gilt insbesondere für Vervielfältigungen, Bearbeitungen, Übersetzungen, Mikroverfilmungen, Auswertungen durch Datenbanken und für die Einspeicherung und Verarbeitung in elektronische Systeme. Alle Rechte, auch die des auszugsweisen Nachdrucks, der fotomechanischen Wiedergabe (einschließlich Mikrokopie) sowie der Auswertung durch Datenbanken oder ähnliche Einrichtungen, vorbehalten.

Impressum:

Copyright © 2012 GRIN Verlag GmbH
Druck und Bindung: Books on Demand GmbH, Norderstedt Germany
ISBN: 978-3-656-22056-5

Dieses Buch bei GRIN:

http://www.grin.com/de/e-book/195959/kontrolle-wareneingang-unterweisung-fachmann-fachfrau-fuer-systemgastronomie

GRIN - Your knowledge has value

Der GRIN Verlag publiziert seit 1998 wissenschaftliche Arbeiten von Studenten, Hochschullehrern und anderen Akademikern als eBook und gedrucktes Buch. Die Verlagswebsite www.grin.com ist die ideale Plattform zur Veröffentlichung von Hausarbeiten, Abschlussarbeiten, wissenschaftlichen Aufsätzen, Dissertationen und Fachbüchern.

Besuchen Sie uns im Internet:

http://www.grin.com/

http://www.facebook.com/grincom

http://www.twitter.com/grin_com

Unterweisungsentwurf

Im Rahmen der Ausbildereignungsprüfung (AdA)

Für den Ausbildungsberuf
Fachmann für Systemgastronomie/Fachfrau für Systemgastronomie

Thema der Unterweisung:
Wareneingangskontrolle

Entwurf zum praktischen Teil der Ausbildereignungsprüfung

Zuständige Prüfungsstelle: _____

_____

_____

Name & Anschrift des Prüfungsteilnehmers: _____

_____

_____

Datum der Prüfung: _____

Thema der Unterweisung:	Wareneingangskontrolle
Lernort:	Warenannahmestelle
Ausbildungsberuf:	Fachmann für Systemgastronomie/ Fachfrau Systemgastronomie
Der Auszubildende befindet sich z.Z. im:	Neunter Monat des 1. Ausbildungsjahres
Das Thema ist nach den folgenden Paragraphen in den Ausbildungsrahmenplan für den Ausbildungsberuf Fachmann für Systemgastronomie/ Fachfrau Systemgastronomie einzuordnen:	§ 4 Ausbildungsberufsbild Nr. 11 Warenwirtschaft a) Waren annehmen, auf Gewicht, Menge und sichtbare Schäden prüfen und betriebsübliche Maßnahmen einleiten.
Zeitdauer der Unterweisung:	20 Minuten
Zeitraum der Unterweisung:	Montag, 8.30 – 8.50 Uhr

Liste der Ausbildungsmittel:

- Packtisch
- Arbeitsmaterial zum öffnen der Kartons
- Übungskartons
- Übungslieferschein/Lieferdokumente

Erklärung des Prüfungsteilnehmers:
Ich erkläre, dass ich die vorliegende Arbeit selbstständig angefertigt habe.

_____   _____
Vor- & Zuname   Datum & Ort

Inhaltsverzeichnis
1) Rahmenbedingungen
    1.1 Beschreibung des Auszubildenden   1
    1.2 Unterweisungszeitpunkt/-dauer   1
    1.3 Ort der Unterweisung   1
    1.4 Zu verwendende Arbeitsmittel   1

2) Sachanalyse   2

3) Didaktische Analyse   2
    3.1 Unterweisungsthema   2

4) Lernziele   3
    4.1 Richtlernziele   3
    4.2 Groblernziele
    4.3 Feinlernziele   3
    4.3.1 Kognitiver Bereich   4
    4.3.2 Psychomotorischere Bereich   4
    4.3.3 Affektiver Bereich   4
    4.3.4 Schlüsselqualifikationen   4

5) Planung und Durchführung der Ausbildungseinheit
    5.1 Auswahl der Lehrmethode   4
    5.2 Unterweisungsablauf   5
    5.2.1 Stufe Eins: Vorbereitung   5
    5.2.2 Stufe Zwei: Vorführung und Erklärung   5
    5.2.3 Stufe Drei: Nachmachen lassen, Erklären lassen der Arbeitsschritte   6
    5.2.4 Stufe Vier: Übung und Erfolgskontrolle   6

6) Die Lernerfolgskontrolle und vorgehen bei Nichterreichen der Lernziele   7

1 Rahmenbedingungen

1.1 Beschreibung des Auszubildenden

Der Auszubildende Norman Mustermann ist bereits 18 Jahre alt. Er hat die Realschule im Land Niedersachsen erfolgreich abgeschlossen und befindet sich im neunten Monat des ersten Ausbildungsjahres zum Fachmann für Systemgastronomie. Durch eigene Beschreibungen besitzt der Auszubildende einen großen Freundes- und Bekanntenkreis. Dieser setzt sich aus den unterschiedlichsten Nationalitäten zusammen, weshalb Norman Mustermann sehr Kontaktfreudig ist. Er geht er offen und freundlich auf fremde Menschen zu.

Im ersten Ausbildungshalbjahr wurden dem Auszubildenden bereits alltägliche Tätigkeiten in der Systemgastronomie vermittelt, welche er vorbildlich erlernt hat. Er hat den Umgang mit Gästen sowie erste Tätigkeiten der Büroorganisation erlernt. Der richtige Umgang mit Lieferdokumenten wurde ihm bereits vermittelt. Ebenfalls ist Ihm das Warensortiment des Betriebes grob vertraut.

1.2 Unterweisungszeitpunkt/-dauer

Die heutige Unterweisung soll um 8.30 Uhr stattfinden. Die Leistungsaufnahme ist um diese Uhrzeit bereits gut ausgeprägt. Gleichzeitig findet montags um diese Uhrzeit die übliche Warenannahme im Betrieb statt, hierdurch stehen reale Arbeitsmittel für die Unterweisung zur Verfügung.

Durch frühzeitige Klärung mit den Mitarbeitern der Warenannahme wurden Kartons zur Unterweisung ausgewählt, welche nicht umgehend benötigt werden.
Es ist ein Zeitraum von 15 bis 20 Minuten für die Unterweisung vorgesehen. Falls während der Unterweisung Fragen auftreten oder Verständnisprobleme entstehen, kann sich der Zeitraum ein wenig hinauszögern.

1.3 Ort der Unterweisung

Als Ort für die Unterweisung wurde die Betriebliche Warenannahmestelle ausgewählt. Hier befindet sich ein Tisch zum öffnen der Waren. Dieser steht für die Zeit der Unterweisung frei zur Verfügung.

Um dem Auszubildendem ein möglichst konzentriertes lernen zu ermöglichen, sind die Mitarbeiter gebeten worden während der Unterweisung Arbeiten zu erledigen die abseits des Tisches liegen.

1.4 Zu verwendende Arbeitsmittel

Die für die Unterweisung benötigten Arbeitsmittel:

- Tisch
- Arbeitsmaterial zum öffnen der Ware z.B. Sicherheits-Cuttermesser
- Kartons aus der Warenlieferung
- Übungslieferschein sowie Lieferdokumente

2 Sachanalyse

In der Warenannahme werden für den Betrieb wichtige Tätigkeiten durchgeführt. In einem ersten Schritt muss bei Anlieferung der Ware von einem Lieferanten in Anwesenheit des Fahrers geprüft werden ob die Adresse des Empfängers richtig ist, ob die Anzahl der Packstücke übereinstimmt und die Verpackungen äußerlich unbeschädigt sind.

Zur Überprüfung der Adresse und Anzahl der Packstücke dienen die Waren- bzw. Paketaufkleber sowie der Lieferschein. Wird bei der angelieferten Ware Mängelfreiheit festgestellt, wird die Empfangsbestätigung für den Lieferanten unterschrieben.
Wird festgestellt, dass als Empfänger auf dem Paket oder Lieferschein ein falscher bzw. fremder Empfänger eingetragen ist, wird die Annahme der Lieferung verweigert und der Fahrer muss die Ware wieder mitnehmen.

Stimmt die Anzahl der gelieferten Kartons nicht oder ist die äußere Verpackung beschädigt, wird dieses auf dem Lieferschein festgehalten und vom Fahrer als Zeugen bestätigt.

Besteht bedenken, dass der Inhalt nicht frei von Schäden ist, sollte die Ware unverzüglich unter Aufsicht geöffnet und der Inhalt auf Beschädigung überprüft werden.
Wird ein Mangel durch fehlerhaften Transport festgestellt, wird dieses ebenfalls auf dem Lieferschein dokumentiert.
Nach Annahme der Ware ist die weitere Anwesenheit des Fahrers nicht mehr notwendig.

Im Anschluss wird eine Qualitätskontrolle der Waren durchgeführt. Hierbei wird geprüft, ob die gelieferte Ware der bestellten Ware in Qualität, Anzahl und Identität entspricht.

Beim Vergleich des Lieferscheins mit der Bestellung zeigt sich, ob die Ware in dieser Menge bestellt wurde. Sollte die Ware falsch oder mit einem Mangel geliefert worden sein, erfolgt eine schriftliche Dokumentierung und Benachrichtigung an den Lieferanten (Mängelrüge) um mögliche Rechtsansprüche zu wahren.

Ist die Ware wie bestellt in Ordnung, kann sie eingelagert werden. Falls beschädigte Ware vorhanden ist, wird diese bis zur Klärung des Sachverhaltes gesondert aufbewahrt.

3 Didaktische Analyse

3.1 Unterweisungsthema

In der Ausbildung zum Fachmann für Systemgastronomie soll der Auszubildende eingehende Waren aus der Warenannahme auf ihre Übereinstimmung und Unversehrtheit überprüfen.

Neben der Kontrolle auf Übereinstimmung mit den Lieferdokumenten, fällt auch die Kontrolle auf eventuell aufgetretene Mängel an.

Im Falle von Mängeln müssen Abweichungen dokumentiert und falls erforderlich Korrekturmaßnahmen veranlasst werden.

> ➢ Das Einlagern der Güter ist nicht Bestandteil dieser Unterweisung. Auf einen elektronisch unterstützten Wareneingang wird in der Unterweisung nicht eingegangen.

Laut Verordnung über die Berufsausbildung zum Fachmann für Systemgastronomie/ Fachfrau für Systemgastronomie in § 4 Ausbildungsberufsbild, Nr. 11 Warenwirtschaft unter a) „Waren annehmen, auf Gewicht, Menge und sichtbare Schäden prüfen und betriebsübliche Maßnahmen einleiten" ist das Unterweisungsthema diesem zuzuordnen.

4 Lernziele

4.1 Richtlernziele

Das Richtlernziel dient dem Auszubildenden, Kenntnisse in einem Teil der Warenwirtschaft zu erlernen und dieses Wissen selbstständig anwenden zu können.

4.2 Groblernziele

Der Auszubildende soll erlernen:

- Kartonagen von Warengütern Ordnungsgemäß zu öffnen
- Lieferdokumente zu sichten
- die gelieferten Güter anhand der Lieferdokumente auf Richtigkeit zu prüfen
- die Problematik bei der Warenannahme zu begreifen
- den Ablauf der Warenwirtschaft des Wareneingangs wieder zu geben.

4.3 Feinlernziele

Der Auszubildende soll:

- selbstständig Wareneingangskontrollen mit kleinen Liefermengen durchführen können
- die Wichtigkeit von Wareneingangskontrollen erkennen und eigenständig wiedergeben können
- erlernen, welche Problematik bei der Warenannahme entstehen kann

Um die Feinlernziele des Auszubildenden kontrollieren zu können, soll dieser anhand seiner eigenen Worte zwei Dinge nennen können, was bei der Annahme von Gütern zu beachten ist.

Er sollte den Ablauf einer Warenannahme mit Wareneingangskontrolle aus seinem Gedächtnis heraus wiedergeben können.

Der Auszubildende sollte in der Lage sein, die Lieferung auf Übereinstimmung mit den Lieferdokumenten zu prüfen, hierbei sollte er Abweichungen selbstständig erkennen und dokumentieren können.

Es sollten zwei Probleme genannt werden, die auftreten könnten, falls die Kontrolle nicht oder mangelhaft durchgeführt wird.

Am Ende der Unterweisung soll der Auszubildende den Zusammenhang des Wareneingangs im gesamten betrieblichen Ablauf kurz wiedergeben können.

4.3.1 Kognitiver Bereich

Der Auszubildende soll nach erfolgter Unterweisung selbstständig in der Lage sein zu wissen, welche Punkte bei der Wareneingangskontrolle zu beachten sind um einen Fehlerfreien Ablauf zu gewährleisten. Bei auftretenden Fehlern soll der Auszubildende in der Lage sein, diese zu berichtigen.

4.3.2 Psychomotorischere Bereich

Der psychomotorische Bereich wird bei dieser Unterweisung nur gering angesprochen. Der Auszubildende soll den richtigen Umgang mit den gelieferten Kartons erlernen. Hierbei stehen die Handhabung sowie das ordnungsgemäße Öffnen der Kartons, um die im Karton befindlichen Waren nicht zu beschädigen, im Vordergrund.

4.3.3 Affektiver Bereich

Durch die heutige Unterweisung soll die Bereitschaft zur selbstständigen Arbeit des Auszubildenden gefördert und unterstützt werden. Die hohe Verantwortung des Wareneingangs für den Betrieb soll bewusst werden.
Der Arbeitsablauf der Wareneingangskontrolle soll bei dem Auszubildenden zur Selbstverständlichkeit werden, damit er diese später selbstständig ausführen kann.

4.3.4 Schlüsselqualifikationen

Die Unterweisung hat die Aufgabe Schlüsselqualifikationen zu fördern. Sie soll die Aufmerksamkeit bzw. Konzentrationsfähigkeit des Auszubildenden fördern und festigen. Weiterhin soll das Mitdenken angeregt sowie das sorgfältige und systematische Arbeiten gefördert werden.

5 Planung und Durchführung der Ausbildungseinheit

5.1 Auswahl der Lehrmethode

Als Lehrmethode für diesen Unterweisungsentwurf wurde die *Vier-Stufen-Methode* gewählt.

Der Auszubildende lernt erfahrungsgemäß besonders gut, wenn er dabei auch praktisch handeln kann. Während das Lehrgespräch primär den kognitiven und affektiven Lernbereich anspricht, lässt diese Methode zusätzlich das Erlernen anhand des motorischen Einsatzes zu.

Es wird erwartet, dass der Auszubildende durch die gewählte Methode ein gutes Verständnis sowie Motivation für das Unterweisungsthema aufbringt.
Durch nachmachen des Ausbilders soll der Auszubildende die Möglichkeit bekommen praktische Verfahrensweisen zu erkennen und später selbstständig anzuwenden.

Aufgrund des kurzen Zeitraums für die Unterweisung ist die *Leittextmethode* gegenüber der *Vier-Stufen-Methode* im Nachteil, da der Auszubildende im ersten Lehrjahr noch einen geringen Wissensstand hat und so ein erhöhter Zeitbedarf und Arbeitsaufwand erforderlich wäre.

Da die Umsetzung der Theorie in die Praxis ein wesentliches Lernziel dieser Unterweisung sein soll, ist eine reine *Demonstration* gegenüber der *Vier-Stufen-Methode* ebenfalls im Nachteil, da der psychomotorische Lernbereich nicht beachtet werden würde, dieser jedoch den gesamten Lernprozess unterstützt.

5.2 Unterweisungsablauf

5.2.1 Stufe Eins: Vorbereitung

- Für die Unterweisung muss der Arbeitsplatz sauber und geordnet sein.
- Der Lernort sollte von anderen Mitarbeitern während der Unterweisung möglichst gemieden werden, um ein ruhiges Umfeld für ungestörtes Lernen zu schaffen.
- Die vollständigen Arbeitsmittel der Unterweisung müssen bereitgestellt sein.
- Der Ausbilder muss gut informiert und vorbereitet sein. Er muss den Lernstoff gliedern, den Arbeitsablauf planen und eventuelle Teilabschnitte festlegen.
- Der Ausbilder muss eine lernfördernde und spannungsfreie Situation schaffen.
- Um Kenntnislücken vorzubeugen, soll vor der Unterweisung der Ausbildungsstand des Auszubildenden festgestellt und gegebenenfalls vervollständigt werden.

5.2.2 Stufe Zwei: Vorführung und Erklärung

Um dem Auszubildenden die theoretischen Punkte zu vermitteln, wird ihm durch ein Lehrgespräch und durch praktisches Vorführen die Wareneingangskontrolle erörtert. Zur Schaffung einer Grundlage für die eigenständige Warenannahme, werden dem Auszubildenden folgende Punkte erklärt:

- Bei einer Warenannahme ist vor Empfang der Ware der Empfänger zu überprüfen. Dieser muss mit dem Betrieb bzw. dem Lieferschein übereinstimmen, da Retouren aufwendig sind und Kosten verursachen können.
- Die Kartons müssen auf äußerliche Beschädigungen begutachtet werden. Ist eine Beschädigung vorhanden wird diese durch Unterschrift des Lieferanten dokumentiert, da für Schadensersatzansprüche äußerliche Beschädigungen unverzüglich gemeldet werden müssen.
- Die Anzahl der gelieferten Kartons muss mit den Angaben in den Lieferdokumenten übereinstimmen. Ist dies nicht der Fall, wird das Fehlen durch Unterschrift dokumentiert.

Teillernziel 1:
    Kontrolle zur Warenannahme:
        ✓ Worauf muss man bei der Annahme von Waren achten? Nenne zwei Punkte.

Die Wareneingangskontrolle erfolgt nach der Warenannahme:

- Die Kartons mit der Ware sind Ordnungsgemäß zu öffnen. Es ist darauf zu achten das die Ware durch das Öffnen nicht beschädigt wird.
- Nach dem Öffnen erfolgt der Vergleich der Artikel mit dem Lieferschein. Es ist auf die Anzahl und auf die richtigen Artikel zu achten. Treten Abweichungen zum Lieferschein auf, sind diese umgehen zu dokumentieren. Hierdurch wird sichergestellt, dass nur tatsächlich gelieferte Ware berechnet wird. Unstimmigkeiten bei Lagerinventuren werden hierdurch vermieden.
- Die Waren sind stichprobenartig auf Schäden zu prüfen. Beschädigungen müssen dokumentiert werden.

Teillernziel 2:
> Kontrolle zur Warenkontrolle:
> - ✓ Worauf ist bei der Öffnung von Kartons zu achten?
> - ✓ Wie wird die Wareneingangskontrolle durchgeführt, worauf muss man achten?

Der Auszubildende soll auf Probleme aufmerksam gemacht werden die auftreten können falls der Wareneingang nicht richtig durchgeführt wird, u.a.:

- o Fehlbestände bei Inventuren
- o fehlende Artikel im Lagerbestand
- o defekte Waren im Lagerbestand
- o Produktionsschwierigkeiten/Engpässe durch fehlende oder beschädigte Waren
- o teure Nachlieferungen durch fehlende oder beschädigte Waren

Teillernziel 3:
> Kontrolle zu Problemen bei nicht korrektem Wareneingang:
> - ✓ Nennen Sie eventuell auftretende Probleme, die bei falschem Wareneingang auftreten können.

Am Ende der praktischen Vorführung erklärt der Ausbilder kurz die Zusammenhänge eines Wareneingangs im warenwirtschaftlichen Ablauf. Dies soll dem Auszubildenden zusätzliches Interesse an den ausgeführten Arbeiten bereiten und somit die Lernbereitschaft fördern.

5.2.3 Stufe Drei: Nachmachen lassen, Erklären lassen der Arbeitsschritte

Die dritte Stufe der *Vier-Stufen-Methode* dient vor allem dem Instrumentellen lernen und dem praktischen üben. Der Auszubildende führt nun das Erklärte und Vorgeführte selbstständig aus.
Der Auszubildende wird bei dieser Aufgabe Verständnisfragen des Ausbilder beantworten und die selbst ausgeführten Arbeitsschritte mit eigenen Worten erklären.
Zur Ermutigung des Auszubildenden lobt der Ausbilder gut ausgeführte Arbeitsschritte und beobachtet die Ausführung, um bei fehlerhafter Durchführungen Hilfestellung leisten zu können. Hierdurch wird das Festigen von Fehlern vermieden.

Teillernziel 4:
> Kontrolle zur Durchführung des Wareneingangs:
> - ✓ Es wird überprüft ob der Wareneingang durch den Auszubildenden richtig durchgeführt wurde.

5.2.4 Stufe Vier: Übung und Erfolgskontrolle

Am Ende der Unterweisung beginnt für den Auszubildenden das Üben des erlernten.
Zu Übungszwecken werden zusätzliche Beispiele ausgewählt.
Um ein möglichst effektives lernen zu erzielen, versucht der Ausbilder dem Auszubildenden ein möglichst eigenständiges lernen zu ermöglichen, hierzu nimmt der Ausbilder sich weiter zurück. Wenn es angemessen ist, gibt der Ausbilder Verbesserungsvorschläge.
Wenn der Fall eintritt, dass das Lernziel nicht erreicht wurde, müssen die Gründe hierfür festgestellt werden. Anschließend muss in einer erneuten Unterweisung dafür gesorgt werden, dass diese Fehler nicht mehr auftreten.

6   Die Lernerfolgskontrolle und vorgehen bei Nichterreichen der Lernziele

Um den Lernerfolg der Unterweisung zu kontrollieren, wird der Ausbilder dem Auszubildenden Fragen stellen. Hierdurch kann der Ausbilder erfahren, ob der Auszubildende die Lernziele erreichen konnte.

Bei einem Nichterreichen der Lernziele, werden die nicht verstandenen Punkte schrittweise wiederholt und eventuell versucht vereinfacht darzustellen.

Während der Auszubildende seine Arbeit selbstständig ausführt wird er von dem Ausbilder überwacht. Die Notwendigkeit der Überwachung besteht darin, bei einem Fehler des Auszubildenden sofort eingreifen zu können und gegebenenfalls Korrekturmaßnahmen einleiten zu können.

Wenn der Auszubildende bei der Unterweisung die grundsätzlichen Inhalte der Warenannahme und Warenkontrolle im gesamten Zusammenhang nicht wiedergeben konnte, wurden die Lernziele nicht erreicht.

Zur Wiederholung der Unterweisung wird eine schrittweise Fehleranalyse durchgeführt.

Unterweisungsentwurf tabellarisch

Zeit [min]	Ablauf	Inhalt	Hinweise	Methode	Mittel
2	- Einstieg - Begrüßung des Auszubildenden	- vorstellen - Kenntnislücken schließen	- Vertrauen herstellen	- Gespräch - offene Fragen - zuhören	
2	Thema erklären		- Aufmerksamkeit anregen	- Vortrag	
3	Lernziele darstellen	- Beachtung bei Warenannahme - Wareneingangskontrolle Durchführen - Probleme nennen, die beim Wareneingang auftreten - Wareneingang erläutern	- Mitarbeit anregen - Motivieren	- Vortrag	- Lernziele der Unterweisung
5	- Vorstellung des Wareneingangs - Problemerläuterung	- Theoretischen Ablauf erklären - Vorführung Warenkontrolle	- Vormachen der Arbeitsabläufe	- Vormachen - erklären lassen	- Ausbildungsmittel
3	- Feinlernzielkontrolle	- Fragen zu den feinlernzielen	- Überprüfung des Auszubildenden	- Fragen	- vorbereitete Fragen
6	Nachmachen des Wareneingangskontrolle	- Auszubildender führt selbstständig Wareneingangskontrolle durch	- Nachdenken anregen - Motivation	- Selbstständig nachmachen lassen - Erklären lassen	- Ausbildungsmittel
2	- Feinlernzielkontrolle	- Überprüfung der Wareneingangskontrolle	- Überprüfung der richtigen Durchführung	- Zuschauen und überwachen durch den Ausbilder	- Erarbeitetes
4	- Lernerfolgskontrolle und Fehleranalyse	- Besprechung und Kontrolle mit dem Auszubildenden	- Fehleranalyse - Lob	- Gespräch - Motivation	- Erarbeitetes
3	- Abschluss der Unterweisung	- offene Fragen des Auszubildenden beantworten - Ermutigung zum weiteren lernen - Bedanken und Verabschiedung	- Motivation und Interesse halten	- Gespräch	

Nord Logistik, Mustermeier Str. 12, 36199 Rotenburg/Fulda

MC Fastfood King Friedrich-Ebert-Str. 6 27570 Musterstadt	Ihre Bestellung vom: 08.02.2020 Auftragsnummer: 1234567 Bestellannahme: Herr Müller Telefon: 0176/2018 Datum: 14.02.2020	

Lieferschein

Kunden-Nr.: 54321	Bestelldatum: 08.02.2010	Lieferdatum: 15.02.2020
Unsere Auftrags-Nr.: 1234567	Ihre Bestell-Nr.: 27578	Versandbedingung: frei Haus

Position	Art.Nr.	Menge	Artikelbezeichnung
1	2000 3142	1 Kartons zu je 2 Stück	Weizenmehl, Typ 405
2	2004 4268	1 Kartons zu je 5 Stück	Salz, 500g
3	003129	2 Stück/Dosen	Bier, 0,33 Liter
4	029526	1 Karton	Kekse, 175 g Packung

Sammelkolli:

5	86703043	2 Pck. á 2 Stück	Lackierwalzen, 5 cm
6	86704050	1 Pck. á 10 Stück	Lackierwalzen, 11 cm
7	12 158	1 Pck. á 18 Stück	Schnapsgläser klar (18er Pack)
8	441	1 Pck. á 10 Stück	Trinkbecher klar, 0,4 Liter (10er Pack)
9	56291	1 Pck. á 2 Stück	Küchentücher 30x40, Typ: Emma

Bis zur vollständigen Bezahlung bleiben die gelieferten Waren unser Eigentum.

_____   _____
Unterschrift Fahrer   **Unterschrift Warenannahme**

Nord Logistik GmbH   Sparkasse Hannover   Nord Logistik GmbH
Mustermeier Str. 12   BLZ 192 50 600   Geschäftsführung:
36199 Rotenburg/Fulda   Konto Nr. 0000000   Herbert Muster
Tel.: 0176/2018

Meldeschein bei Lieferabweichung – Intern   MC Fastfood King

Von Warenannahmestelle:_____ (Unterschrift) an Einkauf.   Datum: _____

Meldeschein bei Lieferabweichung

Datum Wareneingang: _____

Auftragsnummer: _____

Lieferant: _____

Pos.	Artikelbezeichnung & Artikelnummer	Menge	Art der Mängel				
			Identität (Falschlieferung)		Quantität (falsche Menge)	Beschaffenheit (Beschädigung)	Qualität (Qualitätsmängel)
			☐	☐	☐	☐	
			Vermerk:				
			☐	☐	☐	☐	
			Vermerk:				
			☐	☐	☐	☐	
			Vermerk:				
			☐	☐	☐	☐	
			Vermerk:				
			☐	☐	☐	☐	
			Vermerk:				
			☐	☐	☐	☐	
			Vermerk:				
			☐	☐	☐	☐	
			Vermerk:				